PROJET

D'ÉRECTION

D'UN MONUMENT

EN L'HONNEUR

DE JACQUES DAVIEL

Inventeur de la Méthode d'opération de la Cataracte par extraction

A LA BARRE

Arrondissement de Bernay (Eure)

LIEU DE SA NAISSANCE

BERNAY

IMPRIMERIE VEUVE ALFRED LEFÉVRE

40 — Rue des Fontaines — 40

1886

PROJET

D'ÉRECTION D'UN MONUMENT

En l'honneur de Jacques Daviel

———

PROJET

D'ÉRECTION

EN L'HONNEUR

DE JACQUES DAVIEL

Inventeur de la Méthode d'opération de la Cataracte par extraction

A LA BARRE

Arrondissement de Bernay (Eure)

LIEU DE SA NAISSANCE

BERNAY

IMPRIMERIE VEUVE ALFRED LEFÉVRE

40 — Rue des Fontaines — 40

—

1886

PROJET

D'ÉRECTION D'UN MONUMENT

EN L'HONNEUR DE JACQUES DAVIEL

I

COMMENT A ÉTÉ AMENÉE LA DÉCISION DE LA SOCIÉTÉ LIBRE DE L'EURE (SECTION DE BERNAY)

Avant de remplir la mission qui lui a été confiée, la Commission chargée de former le Comité de souscription pour le monument à élever en l'honneur de Jacques Daviel, à La Barre, lieu de sa naissance, croit devoir exposer, en peu de mots, les circonstances qui ont précédé et amené la décision prise par la Société libre de l'Eure (section de Bernay), dans sa séance publique du 22 novembre 1885.

Depuis longtemps l'un de nous, M. le docteur Gauran, s'était promis de provoquer l'hommage que la France doit encore à la mémoire de Jacques Daviel. Le hasard vint le fortifier dans son dessein. A peine établi à

Rouen, il fut appelé à donner ses soins à l'honorable et regretté M. Ernest Daviel, père de celui de nous, qui, sur les instances de la Société, a consenti à représenter dans la Commission la famille Daviel. M. le docteur Gauran manifesta à son client et à notre collègue le culte particulier qu'il professait pour leur illustre parent, et l'espoir qu'un jour l'occasion lui serait offerte d'appeler l'attention du monde médical et de la France entière sur les services que Daviel avait rendus à la science et à l'humanité.

Cette occasion ne s'était pas encore présentée lorsque, vers la fin de l'année 1884, M. le docteur Haltenhoff, de Genève, s'adressa à M. Alfred Daviel pour avoir communication des renseignements qu'il avait recueillis concernant son arrière-grand-oncle. En même temps qu'il lui demandait cette communication, l'éminent ophthalmologiste apprenait à notre collègue qu'il venait de découvrir l'endroit où avait été inhumé Jacques Daviel, et que les oculistes suisses se proposaient d'ériger un monument sur le lieu même de sa sépulture, au Grand-Sacconnex.

M. le docteur Gauran, des premiers informé de ce qui se préparait en Suisse, saisit immédiatement la Commission municipale de Rouen, chargée de dénommer les nouvelles rues de cette ville, d'une proposition tendant à donner à l'une d'elles le nom de Jacques Daviel.

Cette proposition fut admise par délibération du Conseil municipal de Rouen du 13 mars 1885.

La décision des édiles rouennais appela sur Jacques Daviel l'attention de la presse normande. Le *Journal de Rouen* publia le rapport à la suite duquel le vote du Conseil municipal avait été émis. Plus tard, le *Nouvelliste de Rouen* (nº du 20 avril 1885) fit paraître dans ses colonnes une notice biographique que nous croyons utile de reproduire ci-après.

Cette notice fut lue par les membres du bureau de la Section de la Société libre de l'Eure pour l'arrondissement de Bernay, et ces messieurs furent frappés de cette idée qu'un devoir s'imposait à la France et en particulier au département de l'Eure et à l'arrondissement de Bernay, celui d'honorer la mémoire, trop longtemps oubliée, de leur compatriote.

Ils crurent donc qu'ils ne pouvaient rester étrangers à la solennité qui devait avoir lieu en Suisse. Lors de cette cérémonie, le 8 octobre 1885, ils firent déposer sur le monument du Grand-Sacconnex une couronne portant une inscription commémorative et envoyèrent au Comité des oculistes suisses un télégramme ainsi conçu :

« *La Société libre de l'Eure (Section de Bernay)*
» *s'associe à l'hommage rendu à Jacques Daviel sur le*
» *lieu de sa sépulture et espère convier bientôt ses nom-*
» *breux admirateurs à La Barre, lieu de sa naissance,*
» *pour honorer dignement la mémoire de ce bienfaiteur*
» *de l'humanité.*

« Le Secrétaire,
» LERENARD-LAVALLÉE. »

Déjà, ainsi que l'indiquait la dernière partie de ce télégramme, ils avaient eu la pensée de soumettre à la Société libre de l'Eure (Section de Bernay) le projet d'élever un monument à La Barre.

Dans ce but, M. Lerenard-Lavallée, secrétaire de la Section, avait demandé à **M.** le docteur Gauran de bien vouloir faire, à l'une des séances de la Société, une communication concernant Jacques Daviel, et **M.** le docteur Gauran avait saisi l'occasion qui lui était donnée d'exécuter le dessein formé par lui depuis si longtemps.

De son côté, M. le Maire de La Barre avait assuré la Société de son concours le plus empressé.

Telles ont été les circonstances qui ont précédé la communication faite par **M.** le docteur Gauran à la Société libre de l'Eure (Section de Bernay), dans sa séance publique du 22 novembre 1885 et la décision prise par cette Société dans la même séance, communication et décision ci-après reproduites.

Les Membres de la Commission :

Dr GAURAN, ALFRED DAVIEL,

Médecin oculiste, Avoué près la Cour d'Appel de Rouen.
Chirurgien de l'Hôpital ophthalmique
de Rouen.

BOULLANGER,

Maire de La Barre.

LERENARD-LAVALLÉE,

Juge au Tribunal civil de Bernay,
Secrétaire de la Section de la Société libre de l'Eure
pour l'arrondissement de Bernay.

II

**EXTRAIT du Procès-Verbal de la séance publique
de la Société libre de l'Eure
(Section de Bernay) du 22 novembre 1885**

I. — ÉLOGE DE JACQUES DAVIEL, PAR M. LE Dr GAURAN

Messieurs,

Il y a plus d'un siècle que, devant une société célèbre, qui comptait dans son sein les représentants les plus éminents de la Chirurgie Française, fut prononcé pour la première fois l'éloge de Jacques Daviel.

C'est à M. Morand, secrétaire de l'Académie de chirurgie, que revint cet honneur.

Si j'ai accepté de retracer aujourd'hui, après un aussi illustre panégyriste, la vie scientifique de votre grand concitoyen, ce n'est pas, croyez le bien, Messieurs, sans avoir mesuré le péril de l'entreprise. Mais je me savais assuré de toute votre indulgence, et d'ailleurs résolu de ne point faillir au devoir qui se présentait : de payer à Daviel une dette personnelle de reconnaissance, quelque modeste que fut l'hommage que je pouvais lui offrir.

Parmi tous ces maîtres, en effet, qui nous ont précédé dans la carrière, dont les patientes recherches, les ingénieuses découvertes ont enrichi ce patrimoine où nous puisons aujourd'hui à pleines mains, en est-il un qui nous ait laissé un plus bel héritage ?

Permettez-moi donc, Messieurs, au nom de tous les ophthalmologistes de France, comme au mien, de saluer ici avec vénération la mémoire de Jacques Daviel.

Vous savez avec quelle pieuse sollicitude un de ses descendants a recueilli tous les documents épars, qui ont servi à compléter une biographie (1) que tous vous avez lue. Je ne rappellerai donc les phases diverses de cette existence si bien remplie, qu'autant qu'elles se rattacheront à sa vie scientifique, toute entière consacrée au travail et aux recherches qui ont abouti à sa magnifique découverte.

Jacques Daviel, né à La Barre, diocèse d'Evreux, en 1696, vint d'abord étudier la chirurgie à Rouen, puis à Paris, qu'il quitta en 1719 pour aller porter les secours de son art aux Marseillais décimés par la peste. Les services qu'il rendit dans cette ville furent sans doute des plus signalés, puisqu'après l'épidémie, il fut agrégé au collège des Chirurgiens et nommé chirurgien-major d'une galère. C'est dans cette dernière fonction qu'il eut l'occasion de connaître un homme qui eut sur son avenir une influence considérable. Monsieur de Joyeuse, médecin en chef des galères, se prit pour Daviel d'une amitié qui ne fléchit jamais, et c'est grâce à ce puissant protecteur, qu'il lui fut permis de se livrer dans les hôpitaux de Marseille à son goût particulier pour les recherches anatomiques.

L'autorité qu'il acquit dans cette partie des sciences

---

(1) Cette biographie est reproduite plus loin.

médicales, le fit désigner par les maîtres de sa corpora-
tion pour enseigner l'anatomie et la chirurgie. Pendant
vingt années, il occupa remarquablement ces deux
chaires, produisant en même temps de nombreux travaux. Les succès recueillis dans son enseignement et
dans l'exercice de son art auraient pu satisfaire un
esprit moins avide que le sien de connaissances nouvelles.

Un champ encore inexploré s'offrait à son activité.
La pratique des affections oculaires était alors pres-
qu'entièrement entre les mains d'empiriques ignorants.
Daviel résolut de s'y consacrer exclusivement. Il apporta
à ces études une méthode d'investigation qui ne leur
avait été que très incomplètement appliquée. C'est en
effet le scalpel à la main, qu'il rechercha sur des cen-
taines de cadavres tout ce qui a rapport à la structure,
et aux fonctions des nombreux organes qui entrent dans
la composition si compliquée de l'appareil de la vision.
Avec Daviel l'ophthalmologie entre pour la première fois
dans une véritable voie scientifique, qu'elle a si glorieu-
sement parcourue depuis, et prend définitivement dans
l'art chirurgical une place spéciale bien justifiée.

Aussi fortement préparé, Daviel ne pouvait manquer
de s'élever rapidement au rang le plus élevé dans sa
profession. Bientôt, en effet, il acquit une réputation
qui franchit même les limites de son pays, et déjà
en 1736, c'est à dire quelques années seulement après avoir
commencé à pratiquer l'oculistique, nous le voyons
appelé en Portugal, en Italie, par la princesse de Modène,
à Gênes, etc., etc.

Porté par sa haute renommée, Daviel vint en 1746 se

fixer à Paris, ayant déjà en germe dans son esprit la grande découverte qui devait être l'évènement chirurgical du siècle.

Il s'était surtout attaché à l'étude de la cataracte, affection fréquente dans le décours de la vie, et c'est à propos de cette infirmité qu'il avait fait un si grand nombre de recherches, qu'au dire de M. de Joyeuse, tous les cadavres des hôpitaux de Marseille n'y pouvaient suffire.

Le procédé d'opération alors en usage consistait à déplacer, du champ pupillaire qu'elle obstruait, la lentille devenue opaque. Cette méthode, qui avait reçu le nom d'opération de la cataracte par abaissement, pratiquée depuis des siècles, produisait assez souvent un résultat immédiat, mais les conséquences éloignées étaient telles, qu'en l'état actuel de nos connaissances, nous avons peine à comprendre qu'elle ait jamais pu donner un succès définif.

Daviel était un observateur trop sagace, trop attentif, pour que les circonstances si souvent défavorables qui suivaient l'abaissement de la cataracte ne lui fussent pas connues. Pensant que les accidents consécutifs pouvaient avoir pour cause un manuel opératoire défectueux, il modifia celui-ci, en même temps qu'il inventait des instruments nouveaux ; et c'est en abaissant la cataracte autrement que ne le faisaient ses contemporains, qu'il conçut très probablement l'idée de la méthode qui l'a rendu célèbre. Quoiqu'il en soit, ces premières modifications furent loin de le satisfaire, et l'imperfection de ses procédés fût un de ses tourments les plus constants. C'est que Daviel, Messieurs, n'était pas seulement un chirurgien éminent, mais possédait aussi au plus haut degré cette probité professionnelle qui nous commande de ne pas nous illusionner sur la puissance de notre art, de nous défendre contre notre propre enthousiasme, de nous inspirer enfin un besoin incessant de perfection.

Je vous demande, Messieurs, la permission de citer quelques passages d'une lettre qu'il écrit de Paris à son protecteur et ami M. de Joyeuse, lettre qui trahit tous ces scrupules si honorables, et nous donne la plus haute idée de sa grande valeur morale.

Elle est datée de 1746, une année avant la première opération par extraction.

« Je ne prétends pas m'en faire accroire, dit-il, ni me donner la réputation d'un chirurgien infaillible, bien au contraire, j'ai avoué de bonne foi, à toutes les personnes qui m'ont fait l'honneur de me consulter, que mes opérations n'avaient pas toujours eu le succès désiré. »

Et plus loin :

« L'opération de la cataracte surtout m'a toujours paru très douteuse, quoique le public ait voulu s'imaginer qu'aujourd'hui ce doit être de toutes les opérations la plus sûre, et qui ne peut manquer que par l'ignorance ou la faute de celui qui l'a faite. En multipliant les expériences et les opérations, j'ai été forcé de reconnaître à la fin qu'il s'en faut de beaucoup que celle-ci soit aussi certaine et aussi facile que bien des gens l'on cru, et que je l'ai cru moi-même, quand j'ai commencé à la pratiquer ; je dois cet aveu à la vérité, quoiqu'il semble d'abord faire quelque tort à l'art auquel je me suis entièrement voué depuis 18 ans. »

Quelle leçon renfermée dans ce simple et honnête langage, et combien était digne de la donner celui qui avec son vaste savoir et son incomparable habileté de main aurait pu se permettre d'escompter ses succès !

Bien convaincu de l'irrémédiable imperfectibilité des procédés qu'il employait, Daviel commença dès 1747, un an après son arrivée à Paris, à expérimenter la méthode qu'il avait déjà conçue : d'extraire la lentille hors de l'œil. Pendant trois années consécutives, il continua ses essais, et enfin en 1750, rejetant définitivement l'abaissement, il n'opéra plus que par extraction.

En 1752, il avait fait ainsi 206 opérations dont 182 suivies de succès.

Sa réputation devint bientôt européenne. En 1754, appelé en Espagne, le roi Ferdinand VI voulut l'attacher à sa personne. Il refusa, par amour pour son pays, les offres brillantes de ce souverain. Il ne cessa depuis ce moment de parcourir l'Europe et les provinces de France, répandant partout et sur tous les bienfaits de sa nouvelle découverte, car son désintéressement égalait son génie.

Daviel n'échappa pas au sort qui attend presque tous les novateurs. La supériorité de son procédé fut d'abord mise en doute, plus tard la priorité lui en fut contestée. Nous ne saurions dire s'il en fut bien ému ; en tout cas il eut, nous le savons, pour s'en dédommager, l'estime et l'amitié de tout ce que la France et l'Europe comptaient alors de savants illustres et les suffrages de ses collègues de l'Académie de Chirurgie.

Daviel n'eut pas la joie d'assister au triomphe complet de son idée ; atteint déjà de la maladie qui devait l'emporter lorsqu'il vint faire l'exposé de sa méthode devant l'Académie royale de Chirurgie, il alla peu après à Genève se confier aux soins du célèbre Tronchin. C'est dans cette ville qu'il mourut le 30 septembre de l'année 1762, avec le regret sans doute de n'avoir pu mettre la dernière main à un traité complet des maladies des yeux, qui, d'ailleurs, ne nous est jamais parvenu, perte bien regrettable quand on songe que cet ouvrage était le fruit d'une si grande expérience !

C'est ici le moment, Messieurs, d'indiquer quel immense progrès la découverte de Daviel réalisa dans la chirurgie oculaire. Je vous ai déjà dit combien étaient précaires et surtout passagers les quelques bons résultats qu'on obtenait parfois de l'abaissement de la cataracte. Avec la méthode de Daviel, non seulement les succès sont incomparablement plus fréquents, mais demeurent aussi définitivement acquis. L'opération de la cataracte par extraction est certainement la plus brillante et la plus sûre de la chirurgie. Qu'il me suffise d'affirmer, après tant d'autres opérateurs autorisés, que plus de 90 0/0 des cataractés recouvrent la vision grâce à ce procédé ; et que c'est par milliers, chaque année, dans tous les pays du monde, que les aveugles cataractés bénificient de la grande découverte de Daviel.

Aucun homme à ma connaissance n'a rendu jusqu'à présent un pareil service à ses semblables. Aussi, Messieurs, la gloire de Daviel, de même que sa conquête, n'appartiennent plus seulement à la France, mais à l'humanité toute entière.

Je terminerai, Messieurs, en vous rappelant à ce propos, sans insister davantage, qu'il existe aujourd'hui quelque part, sur un coin de terre qui n'est pas en France, un monument élevé par des étrangers, qui proclame le génie de Daviel en même temps que notre oubli. Il vous appartient, Messieurs, de réparer cette injustice, dont souffre depuis trop longtemps la mémoire de celui qui fut une gloire pour son pays, et un bienfaiteur pour l'humanité.

II. — DÉCISION DE LA SOCIÉTÉ LIBRE DE L'EURE (SECTION DE BERNAY)

« La Section de Bernay, après avoir entendu l'éloge
» de Jacques Daviel prononcé par M. le docteur
» Gauran, décide qu'un monument sera élevé à La
» Barre avec le concours de la Municipalité et nomme
» une Commission composée de MM. le docteur Gauran,
» Alfred Daviel, Boullanger, maire de La Barre, et
» Lerenard-Lavallée, secrétaire de la Section, pour
» former le Comité destiné à recueillir les souscrip-
» tions. »

III

NOTICE BIOGRAPHIQUE SUR JACQUES DAVIEL

(Extrait du *Nouvelliste de Rouen*, numéro du 20 avril 1885)

Jacques Daviel est né à la Barre, arrondissement de Bernay, en 1696. Il commença ses études chirurgicales sous la direction d'un oncle établi à Rouen. Il alla bien jeune encore à Paris, où il continua le cours de ses études à l'Hôtel-Dieu. En 1719, n'ayant que vingt-trois ans et n'écoutant que son courage, il sollicita la faveur d'être envoyé à Marseille où sévissait la peste.

Ce que fit de ravages ce terrible fléau, tout le monde le sait. Daviel, au milieu des dangers, n'obéit qu'à l'ardeur dont il fut animé toute sa vie de secourir ses semblables. Sa conduite hardie, alors que le fléau frappait sans distinction malades et médecins, fut vivement appréciée par les habitants de Marseille. Les échevins de cette ville, de leur propre mouvement, autorisés ensuite par le Parlement d'Aix, voulant lui donner une marque de la reconnaissance publique, l'agrégèrent au corps des maîtres chirurgiens de Marseille, et le roi lui envoya une décoration spéciale portant l'image de Saint-Roch avec la légende : *pro fugatâ peste*.

Daviel s'établit à Marseille, où il exerça la chirurgie pendant plus de vingt-cinq ans. Il y devint chirurgien-major d'une galère. Les hôpitaux de cette grande ville lui étaient ouverts avec le privilège de disposer des cadavres pour ses expériences. Il fut bientôt désigné par ses collègues pour faire des cours publics d'anatomie et de chirurgie, mission qu'il remplit pendant vingt années, et dans l'accomplissement de laquelle il s'acquit une réputation telle, qu'il ne se pratiquait pas une opération chirurgicale importante sans qu'on eût recours à ses talents.

La multiplicité des opérations qu'il fit ou auxquelles il prit part le mit à même de faire de nombreuses observations. Il en communiqua quelques-unes à l'Académie de chirurgie de Paris, qui l'en récompensa par une place d'associé.

En 1728, il se livra entièrement aux maladies des yeux et particulièrement à l'opération de la cataracte.

M. de Joyeuse, médecin des hôpitaux de Marseille, a déclaré dans une lettre qui fut imprimée, que les cadavres de ces hôpitaux ne suffisaient pas aux essais auxquelles se livrait Daviel dans le but d'atteindre la perfection de son art.

La dextérité avec laquelle il procédait ne tarda pas à être connue au-delà de Marseille et de la France. Les pays étrangers firent appel à ses lumières. En 1736 il fut mandé à Lisbonne. De retour à Marseille, il accompagna Mme la duchesse de Modène dans ses Etats, fut invité à aller à Gênes et parcourut plusieurs villes d'Italie.

*
* *

Le 8 avril 1745, Daviel, en opérant le frère Félix, ermite d'Aiguilles, en Provence, éprouva une grande difficulté à abattre la cataracte avec l'aiguille tranchante alors en usage. De là date l'idée conçue par lui d'abandonner l'ancienne méthode de l'abaissement, et d'extraire le cristallin ; néanmoins, après avoir eu recours plusieurs fois à ce procédé nouveau, il revint, mais pour peu de temps seulement, au système primitif, qu'il perfectionna par la substitution d'une aiguille plate et se terminant en forme de spatule à l'aiguille tranchante et pointue.

Cette opération de l'ermite d'Aiguilles, qui a été le point de départ de la découverte de Daviel, était encore bien connue au commencement de ce siècle. Les vieux Rouennais peuvent en effet se rappeler que, dans une séance de mnémotechnie qui eut lieu à Rouen en 1824, le sieur Aimé Paris indiquait comme une date mémorable celle du 8 avril 1745.

La renommée de Daviel grandissait toujours. Il venait d'être nommé membre de l'académie des Sciences de Toulouse et de l'institut de Bologne. On faisait le voyage de Paris pour le consulter, se faire soigner et opérer par lui. Il fit sur une personne ainsi venue de Paris une cure qui eut un tel retentissement dans la capitale qu'il y fut appelé pour soigner le duc de Villars-Brancas.

Ce fut dans ces circonstances que, dans le cours de l'année 1746, il s'établit à Paris, où il demeura d'abord quai Malaquais, près l'hôtel de Bouillon, et ensuite rue d'Argenteuil, butte Saint-Roch. (Nos lecteurs savent que cette même rue d'Argenteuil fut également habitée par un autre Normand, le plus illustre de tous, nous avons nommé le grand Corneille.)

Dans un espace de temps très restreint, Daviel pratiqua un nombre considérable d'opérations, notamment à l'hôpital des Invalides, dont les portes lui avaient été ouvertes par M. le comte d'Argenson, alors ministre de la guerre. Il en rendit compte dans une lettre à M. de Joyeuse. Il procédait alors par abaissement, au moyen de la méthode perfectionnée dont on vient de parler ; mais, le 8 avril 1747, ayant vainement essayé, sur les deux yeux d'un malade, de faire l'opération de la cataracte par abaissement, il prit le parti de ne plus avoir recours qu'au mode de l'extraction du cristallin.

Il réglementa sa méthode et la décrivit dans un mémoire qu'il lut à l'académie de Chirurgie le 16 novembre 1752.

Son mérite, reconnu par les hommes de l'art, attira sur lui l'attention du souverain. Nommé, dans les premiers mois de son arrivée à Paris, chirurgien ordinaire du roi *en survivance*, il reçut, le 1er janvier 1749, le brevet de chirurgien-oculiste du roi.

« En 1750, dit M. Morand, dans l'éloge de Daviel qu'il prononça à l'académie de Chirurgie, il fut mandé à la cour de Manheim pour la princesse Palatine de Deux-Ponts, et, par occasion, il rendit la vue à quatre personnes en les opérant par sa nouvelle méthode. Au mois de novembre 1752, il avait fait 206 opérations, dont 182 avaient réussi.

» Il fut en Espagne en 1754. Le roi Ferdinand VI, qui voulait se l'attacher pour oculiste, lui fit faire des offres très avantageuses qu'il refusa par l'amour de sa patrie. C'est en revenant d'Espagne et passant par Bordeaux, qu'il fit avec le plus heureux succès l'opération de deux cataractes à Jean Dastel, paysan de Chamblanes, à deux lieues de cette ville, âgé pour lors de 105 ans, qui se souvenait d'avoir vu Louis XIV passant à Cadillac pour son mariage avec l'infante d'Espagne. Ce bonhomme vécut encore quatre ans. »

Il alla également à Liège où il guérit six personnes

par sa nouvelle méthode, et à Cologne où il opéra un religieux avec tant de bonheur que, 15 jours après, il était en état de dire la messe.

Enfin, il se rendit à Munich sur l'invitation du prince Clément de Bavière.

Ce fut, dit M. Morand, son dernier voyage dans les pays étrangers. « Mais il continua ses courses dans les différentes provinces de la France, où il croyait pouvoir être utile et où il était prévenu par une grande réputation. »

*
* *

En 1756, il pratiqua sur un sieur de Voge, peintre à Gray, en Franche-Comté, une opération fort difficile et qui eut un plein succès. L'artiste, qui eut à se louer autant du désintéressement de Daviel que de son talent, lui témoigna sa reconnaissance en composant et faisant graver, en l'honneur de son oculiste, une estampe où il est représenté se dirigeant vers le temple de Mémoire. Dans le bas et dans l'angle inférieur à gauche de cette composition, on remarque un médaillon représentant les traits de Daviel. Au-dessous de la dédicace de l'auteur sont gravés les vers suivants, empruntés à une ode écrite en l'honneur de Daviel par un client qu'il avait guéri :

Hé quoi ! des mains intelligentes
Dirigent un trait acéré
Dans ces tuniques transparentes
Dont l'œil fragile est entouré,
Daviel, guidé par son génie,
Quand le sang trouble l'harmonie
De cet orbe si précieux,
Va sous l'enveloppe flexible,
Déployant le tranchant terrible,
Porter la lumière des cieux !

La gravure de ce dessin, due au burin du célèbre graveur rouennais Noël Lemire, était accompagnée d'une explication qui se trouve rapportée sous le n° 25 de l'excellent ouvrage de notre compatriote M. Jules Hédou, ayant pour titre : « Noël Lemire et son œuvre. »

Non content des nombreux succès qu'il avait obtenus et qui lui avaient valu son association aux académies de Londres, Stockholm, Dijon et Bordeaux, Daviel travaillait toujours avec opiniâtreté au perfectionnement de son invention.

Tant de travaux épuisèrent sa santé. Ayant subi les atteintes d'une paralysie et n'étant pas en mesure de lire lui-même le mémoire contenant l'exposé de la méthode à laquelle il s'était arrêté, il tint néanmoins à se présenter à la séance publique de l'académie de Chirurgie de l'année 1762. Ce fut M. Morand, secrétaire de cette académie, qui lut son mémoire, et à mesure que ce dernier en faisait la lecture, Daviel indiquait le manuel sur une carte figurative.

Ayant ainsi satisfait à la science, Daviel songea à se soigner. Il partit d'abord pour les eaux de Bourbon qui ne lui procurèrent aucun bien, puis se rendit à Genève afin de consulter le célèbre Tronchin. Mais la paralysie devint complète aux organes de la déglutition et il mourut le 30 septembre 1762, âgé de soixante-six ans, entouré des soins que lui prodigua M. de Montpéroux, résident de France à Genève, lequel, conformément au désir exprimé par Daviel, le fit inhumer en terre française

*
* *

Le lieu de la sépulture de Jacques Daviel a été récemment découvert par M. le docteur Haltenhoff, médecin oculiste à Genève, qui, en parcourant le registre des décès de cette ville, y trouva l'inscription suivante :

« Du jeudi 30 septembre 1762, à six heures du matin.
» Sieur Jacques Daviel, domicilié à Paris, catholique romain, chirurgien ordinaire et oculiste du roy de France, âgé de cinquante-huit ans, mort d'une paralysie au larinx, place de Bel-Air, transporté, par permission de M. le sindic de la Garde, au Grand-Sacconnex. »

C'était donc dans la commune du Grand-Sacconnex, faisant alors partie du territoire français et incorporée depuis à la Suisse en vertu des traités de 1815, que Daviel avait été inhumé.

En effet, sur le livre de la paroisse de cette commune, on lit ce qui suit :

« Le 30 septembre 1762 est mort à Genève, muni des sacremens, et le 1er octobre a été enseveli à Sacconnex le sieur Jacques Daviel, chirurgien ordinaire et oculiste du roy, âgé de cinquante-huit ans, présents à ladite sépulture Jean Parroisse, illettré, et le sieur Pierre-Ambroise Decroze, qui a cy bas signé : DECROZE.

» Ainsy est, A. COURTOIS, curé. »

« Malheureusement, dit M. le docteur Haltenhoff (1), mes recherches pour découvrir soit dans l'église du Grand-Sacconnex, soit au dehors de l'église et dans le cimetière même, la moindre trace de la tombe de Daviel, ont complètement échoué. »

*
* *

Nous venons de voir ce qu'était Daviel comme chirur-

---

(1) Notice historique sur Jacques Daviel, Revue médicale de la Suisse romande, numéro du 15 octobre 1884.

gien, nous avons entrevu ce qu'il était comme homme.

Patriote, il l'était au plus haut degré. Par amour pour sa patrie, il refusa les offres brillantes que lui fit le roi d'Espagne dans l'espoir de l'attacher à sa cour. C'était encore ce noble sentiment qui l'animait sur son lit de mort, lorsqu'il exprimait le désir de reposer sur le sol de la France.

Chose singulière, la France laissa s'effacer la trace de la tombe de Daviel. Des oculistes français de son époque, en petit nombre, il est vrai (1), lui contestèrent, pour l'attribuer à des oculistes étrangers, l'honneur de sa découverte, et aujourd'hui ce sont des médecins étrangers qui ont pris l'initiative de perpétuer, par un monument, sur le lieu même de sa sépulture, le souvenir de Daviel et qui proclament son mérite ! (2)

---

(1) Les écrits du temps attestent, en effet, la nouveauté et la hardiesse du procédé inventé par Daviel. Comme preuve, nous n'en voulons donner que l'inscription : *Audaces fortuna juvat,* gravée au bas de l'estampe de Lemire, et ces vers tirés de l'ode à laquelle nous avons déjà fait un emprunt :

> Mais quand de cet orbe mobile,
> Le mal vient briser les ressorts,
> Quel mortel est assez habile
> Pour en ranimer les accords ?
> Quelle main flexible et légère
> Ose trancher en hémisphère,
> Ce globe privé de clarté ;
> Et, *par une audace intrépide,*
> Emporte le cristal liquide,
> Loin de l'organe épouvanté !

(2) Sur l'initiative de M. le docteur Haltenhoff, un comité s'est formé en Suisse pour élever, dans le cimetière de Sacconnex, un monument en l'honneur de Jacques Daviel.

Voici, en effet, comment s'exprime à ce sujet M. le docteur Haltenhoff, de Genève :

« On sait que l'opération de la cataracte par extraction, méthode qui vit le jour vers le milieu du siècle dernier et marqua le point de départ d'une révolution complète dans le traitement de cette affection, est due au génie inventif de Jacques Daviel, professeur d'anatomie et de chirurgie de Marseille, devenu ensuite oculiste du roi de France et l'un des opérateurs les plus célèbres de son temps. »

Daviel s'inquiétait médiocrement des critiques dont il était l'objet de la part de quelques contemporains jaloux. Voici en quels termes nobles et élevés il répondait à un confrère qui avait dans ses diatribes dépassé les limites d'une discussion raisonnable :

« Je finis en le priant de se souvenir que deux confrères doivent traiter vis-à-vis l'un de l'autre avec modération les questions où ils se trouvent d'un sentiment contraire, et qu'ils le doivent par respect pour le public autant que par respect pour eux-mêmes. Les injures et les termes durs ou peu mesurés ne passeront jamais pour des arguments aux yeux des gens éclairés. Au surplus, je prends la liberté de l'avertir encore qu'il peut désormais écrire contre moi, autant qu'il lui plaira sans que je lui réponde. J'aime mieux employer mon temps à tâcher de m'instruire, autant qu'il me sera possible, dans un art dont l'étude est immense. Une seule découverte, quelque médiocre qu'elle soit, me dédommagera abondamment de la patience avec laquelle je prends le parti de laisser en repos ceux qui tenteront inutilement de troubler le mien par de fausses accusations ou par des injures que je tâcherai, par ma droiture et par la vérité dont je fais profession, de ne pas mériter qu'on m'accuse, et je fais vœu de préférer le parti du silence à la triste satisfaction de rendre des injures pour des injures. »

Si son talent était connu de toute la France, sa bienfaisance et son désintéressement ne l'étaient pas moins.

Il suffit pour s'en convaincre de reproduire quelques lignes empruntées à l'addition à la lettre sur les aveugles de Diderot. Voici comment cet écrivain parle de Daviel :

« Qu'est-ce qui n'a pas connu ou entendu parler du fameux Daviel ? J'ai assisté plusieurs fois à ses opérations... La bienfaisance de Daviel conduisait, de toutes les provinces du royaume, dans son laboratoire, des malades indigents qui venaient implorer son secours, et sa réputation y appelait une assemblée curieuse, instruite et nombreuse. Je crois que nous en faisions partie le même jour, M. Marmontel et moi. — Le malade était assis ; voilà sa cataracte enlevée ; Daviel pose sa main sur des yeux qu'il venait de rouvrir à la lumière. Une femme âgée, debout à côté de lui, montrait le plus vif intérêt au succès de l'opération ; elle tremblait de tous ses membres à chaque mouvement de l'opérateur. Celui-ci lui fait signe d'approcher, et la place à genoux en face de l'opéré ; il éloigne ses mains ; le malade ouvre les yeux, il voit, il s'écrie : « Ah ! c'est ma mère !... » Je n'ai jamais entendu un cri plus pathétique ; il me semble que je l'entends encore. La vieille femme s'évanouit, les larmes coulent des yeux des assistants et les aumônes tombent de leurs bourses. »

L'ardeur avec laquelle il secourut ses semblables, lors de la peste de Marseille, donne encore une haute idée de son patriotisme et de son amour pour l'humanité.

M. Morand va nous apprendre avec quelle persévérance (*labor improbus*) Daviel travailla jusqu'à ses derniers jours au perfectionnement de la méthode qu'il avait adoptée :

« Depuis Burrhus, cet oculiste du Nord qui prétendait avoir l'art de restaurer l'humeur vitrée, et M. Walhouse, qui avait établi quarante-une opérations pour les maladies des yeux, je n'en sache point de plus entreprenant que M. Daviel. Une main habile et ferme lui avait donné la confiance de disposer de l'œil humain (je demande grâce pour la comparaison) comme une jeune personne adroite dispose d'une découpure. La multiplicité des instrumens que M. Daviel employait pour ôter la cataracte et celle des coups de ciseaux donnés à la cornée transparente vinrent à lui déplaire ; il trouva la cause de plusieurs accidents qui suivent quelquefois cette opération dans la section faite en biseau, et elle ne peut être autrement pour être demi-circulaire. Sur le champ il imagine de faire à cette membrane précisément une fenêtre par deux incisions horizontales et une perpendiculaire qui se joignent par deux angles égaux. Enfin il ne trouve pas assez d'avantages dans cette méthode, il réduit encore l'opération à deux incisions faites, l'une avec un petit bistouri courbe fort délié, l'autre avec de petits ciseaux mousses, et de ces deux incisions résulte un lambeau triangulaire à la cornée dont la base est du côté du grand angle. »

Daviel ne négligea pas le côté philosophique de la profession qu'il exerçait. Ayant opéré **22** cataractes de naissance, il fit des observations intéressantes sur les impressions ressenties par les aveugles-nés au moment où ils jouissent pour la première fois de l'organe de la vue. Il communiqua ces observations à M. le baron de Haller, de Berne, associé à l'académie de Chirurgie de Paris.

*
* *

Tel fut Daviel : travailleur infatigable, grand chirurgien, grand patriote, grand bienfaiteur de l'humanité.

Après l'étranger qui vient de lui rendre justice en prenant l'initiative de lui élever un monument, la ville de Rouen a tenu à l'honorer en donnant son nom à l'une de ses nouvelles rues.

M. de Wecker, médecin oculiste de Paris, a publié récemment un ouvrage sur l'opération de la cataracte. Il n'a rien trouvé de mieux que de le dédier à la mémoire de Jacques Daviel et de l'orner d'une lithographie représentant les traits de cet homme célèbre d'après le médaillon placé au bas de la composition de de Voge. Il y a quelques années cette composition avait été reproduite dans l'ouvrage de Paul Lacroix ayant pour titre :
« *Le XVIIIe Siècle ; lettres, sciences et arts.* »

On nous apprend en outre qu'un médecin oculiste d'Aix doit prochainement faire paraître un ouvrage sur le rôle joué par Daviel pendant la peste de Marseille. (1)

Ces hommages ne pouvaient manquer d'être rendus à la mémoire de l'illustre chirurgien qui a uni à un aussi haut degré, à l'amour de la science, l'amour de l'humanité et l'amour de la patrie !

---

(1) L'auteur de cette notice biographique aurait pu ajouter que M. le docteur Chavernac, médecin oculiste à Aix, avait, dans une brochure publiée en 1883, proclamé l'excellence de la méthode de Daviel et que lors du congrès de chirurgie tenu à Paris au commencement d'avril 1885, M. le professeur Panas et M. le docteur Galezowski, avaient rendu un public hommage à la mémoire de l'illustre chirurgien normand.

www.ingramcontent.com/pod-product-compliance
Ingram Content Group UK Ltd.
Pitfield, Milton Keynes, MK11 3LW, UK
UKHW021642130726
13696UKWH00005B/2359